I0767838

Stefan Stelzhammer

Streitschlichtung leicht gemacht
- mit Mediation zum Erfolg

ISBN: 9798877499652

INHALT

Vorwort

Als Mediator habe ich mich auf die Vermittlung von Konflikten spezialisiert. Mein Ziel ist es, eine Win-Win-Situation für alle Beteiligten zu schaffen und langfristige Lösungen zu finden.

In meiner Arbeit als Mediator setze ich auf Empathie und Verständnis für beide Seiten. Ich höre aktiv zu und versuche, die Bedürfnisse aller Parteien herauszufinden. Dabei achte ich darauf, dass jeder seine Perspektive darlegen kann und sich gehört fühlt.

Durch gezielte Fragen bringe ich Klarheit in den Konfliktverlauf und erarbeite gemeinsam mit den Beteiligten mögliche Lösungsansätze. Hierbei lege ich großen Wert darauf, dass diese realistisch umsetzbar sind.

Meine Erfahrung zeigt mir immer wieder: Eine erfolgreiche Konfliktlösung basiert auf einer offenen Kommunikation sowie dem Willen beider Seiten zur Zusammenarbeit.

Da ich, neben meiner Tätigkeit als Mediator auch fertigausgebildeter und erfahrener Versicherungs- und Vermögensberater bin, kann ich Ihnen in jeder Lebenslage unterstützend zur Seite stehen.

Als neutraler Dritter stehe ich Ihnen somit gerne und überall zur Seite - kontaktieren Sie mich einfach!

Brief an den Leser

Liebe Leserinnen und Leser,

ich freue mich, Ihnen mein neuestes Buch "Streitschlichtung leicht gemacht - mit Mediation zum Erfolg" vorstellen zu dürfen. In diesem Brief möchte ich Ihnen einen Einblick in die Inhalte und Ziele des Buches geben.

Meine Absicht ist es, Ihnen als Leser einen fundierten und praxisorientierten Leitfaden zur Verfügung zu stellen, der Sie durch den Prozess der Streitschlichtung begleitet. Ich bin mir bewusst, dass Streitigkeiten sowohl auf persönlicher als auch auf geschäftlicher Ebene auftreten können und dass sie oft ein erhebliches Maß an Konfliktpotenzial darstellen. Daher liegt es mir am Herzen, Ihnen die Methode der Mediation näherzubringen - eine bewährte und effektive Methode zur Lösung von Konflikten, bei der alle Parteien zu einem gemeinsamen Konsens gelangen können.

Mein Buch behandelt verschiedene Aspekte der Streitschlichtung und bietet Ihnen einen umfassenden Einblick in die Grundlagen der Mediation. Von der Bedeutung einer neutralen und unparteiischen Vermittlung über die Entwicklung einer gemeinsamen Lösungsstrategie bis hin zu praktischen Verhandlungstechniken - ich möchte Ihnen das notwendige Werkzeug bieten, um Konfliktsituationen erfolgreich zu bewältigen.

Bei der Strukturierung des Buches habe ich besonderen Wert auf eine logische Abfolge der Kapitel gelegt, um Ihnen eine übersichtliche und gezielte Orientierung zu ermöglichen.

Mein Ziel ist es, Ihnen höchste Kompetenz und Vertrauenswürdigkeit zu vermitteln. Daher habe ich mich bemüht, den Text innerhalb eines geschäftlichen Kontexts formal und professionell zu gestalten. Dennoch bin ich stets darum bemüht, Freundlichkeit und Respekt in meinen Worten zum Ausdruck zu bringen. Mein Fokus liegt darauf, Ihnen eine klare und direkte Kommunikation zu bieten, ohne dabei unnötige Umschreibungen oder Floskeln zu verwenden.

Ich lade Sie herzlich ein, durch die Seiten von "Streitschlichtung leicht gemacht - mit Mediation zum Erfolg" zu blättern und von meinem fundierten Wissen und meiner langjährigen Erfahrung zu profitieren. Ich bin zuversichtlich, dass Sie wertvolle Einsichten gewinnen werden, die Ihnen bei der Lösung von Konfliktsituationen helfen können.

Abschließend möchte ich Ihnen versichern, dass ich stets bestrebt bin, Ihnen beste Qualität zu bieten und Ihnen bei Fragen oder Anregungen zur Verfügung zu stehen. Ich hoffe, dass Sie von meinem Buch profitieren und ich Ihnen bei der erfolgreichen Umsetzung von Streitschlichtungsprozessen behilflich sein kann.

Viel Spaß beim Lesen!

Ihr Stefan Stelzhammer

Einleitung

In unserer hektischen und von Konflikten geprägten Welt ist es oft schwer, einen klaren Kopf zu bewahren und friedliche Lösungen für Streitigkeiten zu finden. Ob im privaten oder beruflichen Umfeld, Streitigkeiten sorgen für Unruhe, Missverständnisse und können langfristige Beziehungen und Zusammenarbeit gefährden.

Doch was wäre, wenn es einen einfachen und bewährten Weg gäbe, um Streitschlichtung zu erleichtern und zu einem erfolgreichen Ergebnis zu führen? Genau hier setzt die Mediation als wirksame Methode der Konfliktlösung an.

In diesem Buch "Streitschlichtung leicht gemacht: Mit Mediation zum Erfolg" möchten wir Ihnen eine umfassende und praxisorientierte Anleitung geben, wie Sie mithilfe der Mediation streitige Situationen auf eine konstruktive und unterstützende Weise bewältigen können. Egal, ob Sie selbst in einen Konflikt verwickelt sind oder Ihre Fähigkeiten als Mediator erweitern möchten, dieses Buch bietet Ihnen wertvolle Werkzeuge und Techniken, um erfolgreich zu vermitteln und nachhaltige Lösungen zu erzielen.

Wir werden Ihnen einen Einblick in die Grundprinzipien der Mediation geben und Ihnen zeigen, wie Sie effektiv und einfühlsam die Bedürfnisse und Interessen aller Parteien identifizieren können. Sie erfahren, wie Sie eine vertrauensvolle Atmosphäre schaffen, in der Kommunikation und Kooperation gefördert werden.

Vor allem werden Sie lernen, wie Sie als Mediator die Konfliktparteien dabei unterstützen, ihre eigenen Lösungen zu finden und friedlich miteinander zu verhandeln.

Wir werden Ihnen Fallstudien, praxisorientierte Beispiele und bewährte Methoden vorstellen, um Ihnen bei der Anwendung der Mediationstechniken in einer Vielzahl von Situationen zu helfen. Egal, ob es sich um Konflikte in der Familie, am Arbeitsplatz oder in der Gemeinschaft handelt, die Mediation bietet Ihnen eine bewährte Methode, um Konflikte zu bewältigen und langfristige, nachhaltige Beziehungen zu schaffen.

Mit diesem Buch möchten wir Ihnen das Handwerkszeug bieten, um in der Streitschlichtung erfolgreich zu sein und eine positive Veränderung in Ihrem persönlichen und beruflichen Leben zu bewirken. Machen Sie sich bereit, Konflikte auf eine neue und inspirierende Art und Weise anzugehen und Frieden und Erfolg durch Mediation zu erreichen.

Was ist Streitschlichtung

Streitschlichtung bezieht sich auf den Prozess der friedlichen Beilegung von Konflikten oder Meinungsverschiedenheiten zwischen zwei oder mehreren Parteien. Sie ist ein alternatives Mittel zur Streitbeilegung, das darauf abzielt, Konflikte ohne den Einsatz von Gewalt oder Gerichtsverfahren zu lösen. Streitschlichtung ermöglicht den Betroffenen, ihre Differenzen auf konstruktive Art und Weise anzugehen und dabei ihre eigenen Bedürfnisse und Interessen zu wahren.

Die Streitschlichtung ist wichtig aus verschiedenen Gründen. Erstens bietet sie den Betroffenen die Möglichkeit, selbst über ihre Konflikte zu verhandeln und Kontrolle über den Lösungsprozess zu haben. Im Vergleich zu Gerichtsverfahren oder anderen traditionellen Streitbeilegungsmethoden ermöglicht die Streitschlichtung den Parteien, aktiv an der Suche nach einer für alle akzeptablen Lösung mitzuwirken.

Zweitens ist die Streitschlichtung kostengünstiger und zeiteffizienter als Gerichtsverfahren. Da sie in der Regel informell und weniger formal ist, fallen weniger Kosten für Anwälte, Gerichtsgebühren und andere rechtliche Ausgaben an. Gleichzeitig führt die Streitschlichtung oft zu schnelleren Ergebnissen, sodass die strittigen Parteien Zeit und Ressourcen sparen können.

Darüber hinaus fördert die Streitschlichtung die Pflege von Beziehungen und die Aufrechterhaltung des sozialen Friedens. Durch den Einsatz von Kommunikations- und Verhandlungstechniken fördert die Streitschlichtung die Verbesserung der Kommunikation zwischen den Parteien und ermöglicht ihnen, langfristig tragfähige Lösungen zu finden. Dies ist besonders wichtig, wenn es um Streitigkeiten zwischen Nachbarn, Kollegen oder in Familien geht, bei denen die Aufrechterhaltung oder Wiederherstellung von Beziehungen eine hohe Priorität hat.

Insgesamt trägt die Streitschlichtung dazu bei, Konflikte auf friedliche und kooperative Weise zu lösen und einen Raum für Dialog und Dialogbereitschaft zu schaffen.

Sie bietet eine Win-Win-Situation, indem sie den Bedürfnissen und Interessen aller beteiligten Parteien gerecht wird und dabei die zwischenmenschlichen Beziehungen und die soziale Harmonie stärkt.

Streitschlichtung / Mediation

Streitschlichtung und Mediation sind zwei verwandte Begriffe, die oft synonym verwendet werden. Sie beziehen sich beide auf Prozesse der freiwilligen und vertraulichen Konfliktlösung zwischen Parteien, bei denen ein neutraler Dritter - der Mediator oder Streitschlichter - unterstützend tätig ist. Es gibt jedoch einige Nuancen, die bei der Definition der beiden Begriffe berücksichtigt werden müssen.

Streitschlichtung bezieht sich im Allgemeinen auf einen breiteren Rahmen der Streitbeilegung, der verschiedene Ansätze umfasst, einschließlich der Mediation. Dabei geht es darum, einen Konflikt zu schlichten, indem eine unparteiische Person eingeführt wird, die bei der Suche nach einer Lösung unterstützt und Entscheidungen treffen kann. Streitschlichtung kann formell oder informell sein und verschiedene Verfahren wie Schlichtungsklauseln, Verhandlungen und Kompromisse beinhalten.

Mediation hingegen ist eine spezifische Art und Weise der Streitschlichtung, die auf einer strukturierten Methode basiert, um den Konfliktparteien bei der eigenverantwortlichen Lösungsfindung zu helfen. Der Mediator erleichtert den Kommunikationsprozess, während die Parteien miteinander reden und ihre Standpunkte und Interessen austauschen.

Die Mediation konzentriert sich auf die Förderung von Verständnis, Kooperation und Konsensbildung zwischen den Parteien, ohne eine Entscheidung aufzudrängen. Das Ziel der Mediation ist es, eine Win-Win-Lösung zu finden, die für alle Parteien akzeptabel ist.

In beiden Fällen ist es wichtig zu betonen, dass Streitschlichtung und Mediation auf Freiwilligkeit basieren. Die Teilnahme an diesen Prozessen ist für alle beteiligten Parteien auf nicht-zwangsfreier Basis und erfordert die Bereitschaft zur Zusammenarbeit. Die Neutralität und Unparteilichkeit des Mediators oder Streitschlichters sind ebenfalls von entscheidender Bedeutung, um Vertrauen und eine offene Atmosphäre zu schaffen, in der die Parteien ihre Anliegen effektiv kommunizieren können.

Sowohl Streitschlichtung als auch Mediation bieten eine alternative Möglichkeit zur Beilegung von Konflikten und bieten den Parteien die Chance, aktiv an der Lösungsfindung teilzunehmen. Diese Ansätze fördern die Kommunikation, befreien von rechtlichen Verfahren und bieten die Möglichkeit, die Beziehung zwischen den Konfliktparteien zu erhalten oder sogar zu verbessern. Indem sie auf Verständnis, Zusammenarbeit und Konsensbildung abzielen, tragen Streitschlichtung und Mediation dazu bei, nachhaltige Lösungen zu erreichen, die den Bedürfnissen und Interessen aller Beteiligten gerecht werden.

Die Vorteile der Streitschlichtung

Die Streitschlichtung bietet eine Reihe von Vorteilen gegenüber traditionellen Streitbeilegungsverfahren wie Gerichtsverfahren oder Schiedsverfahren. Einige dieser Vorteile sind:

1. Kosten- und Zeiteffizienz:

Im Vergleich zu langwierigen und kostspieligen Gerichtsverfahren ist die Streitschlichtung in der Regel schneller und kostengünstiger. Die Parteien sparen Zeit und Geld, da keine langwierigen Vorbereitungen, Anwaltskosten oder Gerichtsgebühren anfallen.

2. Autonomie und Kontrolle:

In der Streitschlichtung behalten die Parteien die Kontrolle über den Prozess und die Ergebnisse. Sie haben die Möglichkeit, gemeinsam mit dem Streitschlichter eine Lösung zu erarbeiten, die ihren Bedürfnissen und Interessen gerecht wird. Dies führt häufig zu nachhaltigeren und zufriedenstellenderen Ergebnissen.

3. Vertraulichkeit:

Im Gegensatz zu Gerichtsverfahren, die oft öffentlich sind, bietet die Streitschlichtung eine vertrauliche Umgebung. Die Parteien können offen über ihre Anliegen sprechen, ohne Angst vor negativen Auswirkungen auf ihr Ansehen oder ihre Geschäftsinteressen zu haben.

4. Aufrechterhaltung von Beziehungen:

Die Streitschlichtung fördert eine kooperative Herangehensweise und den Aufbau von Verständnis zwischen den Parteien. Es besteht eine größere Chance, die Beziehung zu erhalten oder sogar zu verbessern, was insbesondere in Geschäfts- oder familiären Beziehungen von großer Bedeutung ist.

5. Flexibilität und Kreativität:

Die Streitschlichtung ermöglicht den Parteien eine individuelle Anpassung der Lösung an ihre spezifischen Umstände und Bedürfnisse. Die Streitschlichter agieren als neutraler Vermittler und können innovative Lösungen fördern, die über die starren Rahmenbedingungen des Rechtssystems hinausgehen.

6. Konfliktvermeidung:

Da die Streitschlichtung auf Kooperation und Konsensbildung abzielt, besteht eine größere Wahrscheinlichkeit, dass zukünftige Konflikte vermieden werden. Die Parteien können ein besseres Verständnis für die Bedürfnisse und Anliegen der anderen Seite entwickeln und langfristige Lösungen finden.

Insgesamt bietet die Streitschlichtung eine alternative Methode zur Beilegung von Konflikten, die eine effiziente, kostengünstige und für alle Beteiligten zufriedenstellende Lösung ermöglicht. Sie fördert eine kooperative Herangehensweise und die Erhaltung von Beziehungen, was in vielen Fällen vorteilhafter ist als ein konfrontativer und langwieriger Gerichtsstreit.

Mediation ein effektives Werkzeug

Mediation ist ein äußerst effektives Werkzeug zur Konfliktlösung aus mehreren Gründen:

1. Kommunikationsförderung:

Mediation ermöglicht den Parteien, in einem sicheren und unterstützenden Umfeld miteinander zu kommunizieren. Der Mediator fungiert als Vermittler und hilft den Parteien, ihre Standpunkte klar und respektvoll auszudrücken. Die verbesserte Kommunikation trägt dazu bei, Missverständnisse zu klären, Vorurteile abzubauen und das Vertrauen zwischen den Parteien wiederherzustellen.

2. Förderung von Teilhabe und Eigenverantwortung:

In der Mediation haben die Parteien die Möglichkeit, aktiv an der Suche nach einer Lösung teilzunehmen. Sie sind selbst verantwortlich für die Entscheidungen, die getroffen werden, und erarbeiten gemeinsam mit dem Mediator Vereinbarungen, die ihren Bedürfnissen und Interessen gerecht werden. Dies stärkt das Gefühl der Teilhabe und Befähigung bei den Beteiligten.

3. Win-Win-Lösungen:

Die Mediation strebt immer nach Win-Win-Lösungen, bei denen beide Parteien ihre Bedürfnisse und Interessen bestmöglich erfüllt sehen. Indem der Mediator die Kommunikation und den Austausch von Informationen erleichtert, fördert er das gegenseitige Verständnis und unterstützt die Entwicklung von kreativen Lösungsansätzen, bei denen beide Seiten gewinnen können. Dies führt häufig zu nachhaltigen und zufriedenstellenden Ergebnissen.

4. Effizienz und Kostenersparnis:

Im Vergleich zu langwierigen Gerichtsverfahren ist die Mediation in der Regel zeit- und kosteneffizienter. Die Parteien sparen Zeit und Geld, da der Mediator den Prozess strukturiert und auf eine schnelle Lösungsfindung abzielt. Außerdem können die Parteien im Rahmen der Mediation oft die Eskalation von Konflikten vermeiden und früher zu einer Einigung kommen.

5. Vertraulichkeit:

Die Mediation bietet eine vertrauliche Umgebung, in der die Parteien offen über ihre Anliegen sprechen können. Informationen, die im Verlauf der Mediation offenbart werden, bleiben vertraulich und dürfen nicht in anderen rechtlichen Verfahren verwendet werden. Diese Vertraulichkeit fördert Offenheit und ermutigt die Beteiligten, ehrlich und transparent zu sein.

Insgesamt ist die Mediation ein effektives Werkzeug bei der Konfliktlösung, da sie eine kooperative Herangehensweise fördert und den Beteiligten die Möglichkeit gibt, aktiv an der Suche nach einer für sie akzeptablen Lösung mitzuwirken. Durch die Förderung der Kommunikation, die Stärkung der Eigenverantwortung und die Suche nach win-win-Lösungen unterstützt die Mediation die Parteien dabei, ihre Konflikte auf eine konstruktive und nachhaltige Weise zu lösen.

Grundprinzipien der Mediation

Die Mediation basiert auf einer Reihe von Grundprinzipien, die den Prozess und die Dynamik der Konfliktlösung leiten:

1. Freiwilligkeit:
Mediation ist ein freiwilliges Verfahren, bei dem alle beteiligten Parteien bereit sein müssen, an der Lösung des Konflikts mitzuwirken. Niemand kann zur Mediation gezwungen werden, und die Teilnahme erfolgt auf eigenem Wunsch.

2. Vertraulichkeit:
Die Mediation findet in einer vertraulichen Umgebung statt, in der die Parteien frei ihre Standpunkte, Bedürfnisse und Interessen äußern können. Der Mediator und die Parteien sind zur Vertraulichkeit verpflichtet, was bedeutet, dass die Informationen, die im Rahmen der Mediation ausgetauscht werden, nicht in anderen rechtlichen Verfahren verwendet werden können.

3. Neutralität und Unparteilichkeit:
Der Mediator ist ein neutraler Dritter, der keine persönlichen Interessen oder Voreingenommenheit in Bezug auf den Konflikt hat. Der Mediator agiert unparteiisch und unterstützt alle Parteien gleichermaßen, indem er den Prozess strukturiert, die Kommunikation fördert und bei der Entwicklung von Lösungsoptionen unterstützt.

4. Eigenverantwortung und Eigenlösung:
Die Mediation ermöglicht den Parteien, die Verantwortung für die Lösung ihres Konflikts zu übernehmen. Der Mediator fungiert als Vermittler und unterstützt die Parteien dabei, ihre Standpunkte auszutauschen, ihre Interessen zu klären und gemeinsam Lösungen zu erarbeiten. Die Parteien haben die Kontrolle über den Prozess und sind für die Umsetzung der Vereinbarungen verantwortlich.

5. Informiertheit und Transparenz:
Alle relevanten Informationen sollten offen und transparent ausgetauscht werden, um eine fundierte Entscheidungsfindung zu ermöglichen. Die Parteien haben das Recht auf Zugang zu Informationen, die für die Lösung des Konflikts relevant sind, und sollten bereit sein, relevante Informationen offenzulegen.

Diese Grundprinzipien dienen als Grundlage für den Mediationsprozess und die Herangehensweise an die Konfliktlösung. Durch die Einhaltung dieser Prinzipien schafft die Mediation eine unterstützende Umgebung, in der die Parteien aktiv an der Erarbeitung von Lösungen mitwirken können, die ihren individuellen Bedürfnissen und Interessen gerecht werden.

Rollenverteilung

Die Rolle des Mediators und der Konfliktparteien ist entscheidend für den Erfolg einer Mediation:

Der Mediator:
Der Mediator ist ein neutraler Dritter, der den Mediationsprozess leitet und die Kommunikation zwischen den Parteien unterstützt. Zu den Hauptaufgaben des Mediators gehört es, eine vertrauensvolle Atmosphäre zu schaffen und die Grundprinzipien der Mediation zu wahren.

Der Mediator ist jedoch kein Entscheidungsträger oder Schiedsrichter, sondern agiert als Vermittler und unterstützt die Parteien dabei, ihren Konflikt eigenverantwortlich zu lösen. Der Mediator stellt sicher, dass alle Beteiligten fair behandelt werden, und sorgt für gleiche Redezeiten und gegenseitigen Respekt.

Während des Prozesses hilft der Mediator den Parteien dabei, ihre Interessen und Bedürfnisse zu identifizieren, verschiedene Lösungsoptionen zu entwickeln und schließlich Vereinbarungen zu treffen.

Die Konfliktparteien:
Die Konfliktparteien haben eine aktive Rolle in der Mediation. Sie bringen ihre Anliegen, Interessen und standpunkte zum Ausdruck. Die Parteien sind dazu eingeladen, offen und ehrlich zu kommunizieren und ihren Standpunkt klar zu formulieren.

Es liegt in ihrer Verantwortung, aktiv am Prozess teilzunehmen und ihre Bedürfnisse und Ziele zu artikulieren. Während der Mediation sollten die Parteien bereit sein, zuzuhören und die Sichtweise der anderen Partei anzuerkennen. Sie sind aufgefordert, kooperativ zusammenzuarbeiten und nach gemeinsamen Lösungen zu suchen, die für alle akzeptabel sind. Die Konfliktparteien behalten dabei die Kontrolle über den Prozess und die getroffenen Vereinbarungen.

Die Rollen des Mediators und der Konfliktparteien sind komplementär und setzen eine enge Zusammenarbeit voraus. Der Mediator stellt sicher, dass der Prozess fair, ausgewogen und respektvoll abläuft, während die Parteien die Hauptakteure sind, die ihre Interessen ausdrücken und Lösungen erarbeiten.

Die gemeinsame Verantwortung der Mediator und der Parteien führt dazu, dass die Mediation zu einer effektiven Methode der Konfliktlösung wird, die den Beteiligten ermöglicht, den Konflikt auf konstruktive Weise zu bewältigen und auf kreative Lösungen hinzuarbeiten.

Vertraulichkeit und Neutralität

Vertraulichkeit und Neutralität sind zwei entscheidende Prinzipien in der Mediation und spielen eine wichtige Rolle im gesamten Prozess:

Vertraulichkeit:
Vertraulichkeit ist ein wesentliches Merkmal der Mediation. Alle Informationen, die im Rahmen der Mediation ausgetauscht werden, sind vertraulich und dürfen nicht an Dritte weitergegeben werden, es sei denn, die Parteien geben ihre ausdrückliche Zustimmung dazu.

Diese Vertraulichkeit schafft eine sichere Umgebung, in der die Konfliktparteien offen und ehrlich kommunizieren können, ohne Angst vor negativen Konsequenzen haben zu müssen. Die Vertraulichkeit fördert das Vertrauen der Parteien in den Mediationsprozess und ermöglicht es ihnen, frei ihre Sichtweisen, Anliegen und Bedenken zu besprechen. Dies wiederum erleichtert die Entwicklung einer offenen Kommunikation und den Aufbau von Verständnis zwischen den Parteien.

Neutralität:
Neutralität ist ein weiteres Grundprinzip der Mediation. Der Mediator bleibt unparteiisch und hat keine persönlichen Interessen oder Vorurteile gegenüber den Konfliktparteien oder dem Konflikt.

Die neutrale Haltung des Mediators schafft ein Gleichgewicht und fördert das Vertrauen der Parteien in den Prozess. Der Mediator agiert als unabhängige und neutrale Vermittlungsperson, die den Prozess strukturiert und die Kommunikation zwischen den Parteien erleichtert. Durch die Aufrechterhaltung von Neutralität hilft der Mediator den Parteien, ihre Perspektiven zu verstehen, ihre Interessen zu klären und gemeinsam nach Lösungen zu suchen. Die Neutralität des Mediators ist entscheidend für das Schaffen einer fairen und ausgewogenen Mediationsumgebung.

Die Vertraulichkeit und Neutralität in der Mediation schaffen eine geschützte Umgebung, in der die Konfliktparteien offen und frei kommunizieren können. Der Schutz der Privatsphäre und die Wahrung der Neutralität des Mediators sind entscheidend, um das Vertrauen der Parteien zu gewinnen und den Prozess der Konfliktlösung erfolgreich zu gestalten.

Diese Prinzipien ermöglichen es den Parteien, sich auf den Austausch von Informationen, die gemeinsame Lösungsfindung und die Entwicklung von Vereinbarungen zu konzentrieren, ohne Sorge um negative Konsequenzen haben zu müssen. Die Vertraulichkeit und Neutralität sind Grundpfeiler, die den Erfolg und die Effektivität der Mediation unterstützen.

Ethik und Standards

Ethik und Standards spielen eine zentrale Rolle in der Mediation, um die Integrität des Prozesses und das Vertrauen der Konfliktparteien zu gewährleisten. Hier sind einige wichtige Aspekte zu Ethik und Standards in der Mediation:

1. Unabhängigkeit und Unparteilichkeit:
Ein ethischer Mediator bleibt unabhängig und unparteiisch. Er nimmt keine Seite ein und handelt nicht in eigenem Interesse oder zugunsten einer Partei. Stattdessen stellt der Mediator sicher, dass alle Parteien gleichbehandelt werden und die gleiche Chance haben, ihre Anliegen auszudrücken.

2. Vertraulichkeit und Datenschutz:

Die Vertraulichkeit ist ein Kernprinzip der Mediation. Der Mediator und die Parteien sind verpflichtet, die Vertraulichkeit aller Informationen, die im Rahmen der Mediation ausgetauscht werden, zu wahren. Dies schafft eine sichere Umgebung, in der die Parteien offen über ihre Bedürfnisse und Interessen sprechen können. Es gibt klare Grenzen, wann und wie Informationen preisgegeben werden dürfen.

3. Informierte Zustimmung:

Die Parteien sollten im Voraus über den Mediationsprozess, seine Vorteile und Grenzen informiert werden, um eine informierte Zustimmung geben zu können. Der ethische Mediator stellt sicher, dass die Parteien ein klares Verständnis von den Erwartungen und dem Verfahren haben. Es wird sichergestellt, dass die Parteien freiwillig und ohne Zwang an der Mediation teilnehmen.

4. Professionalität und Kompetenz:

Ein ethischer Mediator verfügt über die notwendige Ausbildung, Erfahrung und Kompetenz, um den Mediationsprozess effektiv zu führen. Er hält sich an professionelle Standards und bewahrt eine angemessene Berufsethik. Er nimmt regelmäßig an Weiterbildungen und Supervision teil, um seine Fähigkeiten und Kenntnisse zu erweitern und auf dem neuesten Stand zu bleiben.

5. Integrität und Fairness:

Ein ethischer Mediator zeigt Integrität, Offenheit und Transparenz. Er praktiziert Fairness und stellt sicher, dass alle Parteien die gleiche Möglichkeit haben, ihre Anliegen zu äußern und ihre Interessen zu vertreten. Der Mediator achtet darauf, dass der Prozess gerecht, ausgeglichen und ausgewogen abläuft.

Die Einhaltung ethischer Grundsätze und Standards ist von entscheidender Bedeutung, um die Integrität der Mediation zu wahren und das Vertrauen der Parteien in den Prozess zu stärken.

Ethik und Standards bilden das Grundgerüst, das sicherstellt, dass die Mediation professionell, fair und wirksam ist. Indem sie die Parteien schützen und sicherstellen, dass ihre Bedürfnisse und Interessen respektiert werden, unterstützen Ethik und Standards ein positives und vertrauensvolles Umfeld für die Konfliktlösung.

Vorbereitung auf die Mediation

Die Vorbereitung ist ein entscheidender Schritt für eine erfolgreiche Mediation. Hier sind einige Gründe, warum die Vorbereitung wichtig ist:

1. Klarheit über Ziele und Interessen:
Eine gute Vorbereitung hilft den Konfliktparteien dabei, ihre eigenen Ziele und Interessen klar zu definieren. Indem sie ihre Bedürfnisse und Prioritäten verstehen, können sie besser kommunizieren und gezielter nach Lösungen suchen.

2. Sammlung relevanter Informationen:
Während der Vorbereitung können die Parteien wichtige Informationen sammeln, die für die Mediation relevant sind. Dies können Dokumente, Unterlagen oder andere Beweise sein, die den Sachverhalt unterstützen. Durch die Bereitstellung dieser Informationen können die Parteien effektiver argumentieren und zur Lösungsfindung beitragen.

3. Emotionale Vorbereitung:
Konflikte können emotional belastend sein. Eine angemessene Vorbereitung ermöglicht es den Parteien, sich auf ihre Emotionen vorzubereiten und angemessene Wege zu finden, um mit ihnen umzugehen. Auf diese Weise können sie ihre Emotionen besser kontrollieren und konstruktiv an der Mediation teilnehmen.

4. Identifizierung von Prioritäten und Alternativen:
Die Vorbereitung ermöglicht es den Parteien, ihre Prioritäten zu bestimmen und alternative Lösungen zu erkunden. Indem sie sich auf verschiedene Szenarien vorbereiten, können sie flexibler sein und mehr Optionen für eine Win-Win-Lösung entwickeln.

5. Überlegte Kommunikation:
Eine gute Vorbereitung beinhaltet die Auseinandersetzung mit der Kommunikationsweise und -strategie. Die Parteien können lernen, ihre Argumente klar und präzise zu formulieren und auf respektvolle Weise zu kommunizieren. Dies fördert eine effektive Kommunikation während der Mediation.

Eine sorgfältige Vorbereitung legt den Grundstein für eine erfolgreiche Mediation, indem sie den Parteien dabei hilft, sich auf den Prozess vorzubereiten und ihre eigenen Ziele und Interessen zu klären. Die Vorbereitung ermöglicht es den Parteien, besser argumentieren zu können, relevante Informationen bereitzustellen, mit Emotionen umzugehen und alternative Lösungen zu erkunden. Durch die Vorbereitung können die Parteien aktiv und konstruktiv zur Konfliktlösung beitragen und die Chancen auf eine nachhaltige Einigung erhöhen.

Aufbau einer Beziehung

Der Aufbau einer vertrauensvollen Beziehung zwischen dem Mediator und den Konfliktparteien ist von entscheidender Bedeutung für den Erfolg einer Mediation. Hier sind einige wichtige Aspekte, die dabei helfen, eine solche Vertrauensbasis zu schaffen:

1. Neutralität und Unparteilichkeit:
Der Mediator sollte eine Atmosphäre der Neutralität und Unparteilichkeit schaffen. Er sollte keine persönlichen Interessen oder Vorurteile gegenüber den Konfliktparteien haben und sicherstellen, dass alle Parteien fair behandelt werden. Dies schafft Vertrauen und Erleichterung für die Konfliktparteien, da sie wissen, dass der Mediator unvoreingenommen ist und keinen vorgefassten Standpunkt einnimmt.

2. Offene und respektvolle Kommunikation:
Der Mediator sollte eine offene und respektvolle Kommunikation fördern und sicherstellen, dass alle Parteien die Möglichkeit haben, ihre Standpunkte und Bedenken frei zu äußern. Eine Atmosphäre des Zuhörens und Verständnisses kann dazu beitragen, dass die Konfliktparteien sich gehört und respektiert fühlen.

3. Empathie und Sensibilität:
Der Mediator sollte einfühlsam und sensibel auf die emotionalen Bedürfnisse der Konfliktparteien reagieren. Indem er ihre Gefühle und Perspektiven anerkennt, schafft der Mediator ein Klima des Verständnisses und der Unterstützung, was zu einem tieferen Vertrauen zwischen allen Beteiligten führen kann.

4. Vertraulichkeit und Datenschutz:
Der Mediator sollte die Vertraulichkeit der Informationen und Gespräche während der Mediation gewährleisten. Die Konfliktparteien müssen sicher sein, dass die vertraulichen Informationen nicht an unautorisierte Dritte weitergegeben werden. Dies fördert das Vertrauen in die Mediation und ermuntert die Parteien, offen über ihre Anliegen zu sprechen.

5. Professionalität und Kompetenz:
Der Mediator sollte sowohl professionell als auch kompetent in seiner Arbeit agieren. Eine gründliche Vorbereitung, fortlaufende Schulungen und Verpflichtung zur Professionalität sind entscheidend, um das Vertrauen der Konfliktparteien zu gewinnen und aufrechtzuerhalten.

Durch den Aufbau einer vertrauensvollen Beziehung kann der Mediator ein unterstützendes Umfeld schaffen, in dem die Konfliktparteien bereit sind, offen über ihre Anliegen und Bedürfnisse zu sprechen. Das Vertrauen ermöglicht es den Parteien, ehrlich und kooperativ an der Lösung des Konflikts mitzuwirken und erhöht die Chancen auf eine nachhaltige Einigung.

Erfassung von Informationen

Die Erfassung aller relevanten Informationen und Dokumente ist ein wesentlicher Bestandteil eines effektiven Mediationsprozesses. Hier sind einige wichtige Aspekte, die bei der Erfassung von Informationen und Dokumenten zu beachten sind:

1. Vollständigkeit:

Um eine fundierte Diskussion zu ermöglichen, sollten alle relevanten Informationen und Dokumente erfasst werden. Dazu gehören Fakten, Hintergrundinformationen, sachbezogene Unterlagen und andere Materialien, die zur Klärung des Konflikts beitragen können. Es ist wichtig sicherzustellen, dass alle relevanten Aspekte des Konflikts berücksichtigt werden.

2. Vertraulichkeit und Datenschutz:

Bei der Erfassung von Informationen und Dokumenten ist es wichtig, die Vertraulichkeit und den Datenschutz zu wahren. Sowohl der Mediator als auch die Parteien sollten sicherstellen, dass personenbezogene Daten und vertrauliche Informationen angemessen geschützt werden. Die Informationen sollten nur denjenigen Parteien zur Verfügung gestellt werden, die direkt am Konflikt beteiligt sind, und nicht an unautorisierte Personen oder Dritte weitergegeben werden.

3. Offene Kommunikation:

Eine offene und transparente Kommunikation ist entscheidend, um alle relevanten Informationen und Dokumente zu erfassen. Die Parteien sollten ermutigt werden, ehrlich und aufrichtig über ihre Anliegen, Interessen und Bedenken zu sprechen. Durch eine offene Kommunikation können mögliche Missverständnisse geklärt und umfassende Informationen erfasst werden.

4. Zusammenarbeit:
Die Erfassung von Informationen und Dokumenten erfordert die aktive Zusammenarbeit aller Parteien. Es ist wichtig, dass alle Beteiligten bereit sind, relevante Informationen bereitzustellen und kooperativ mit dem Mediator und den anderen Parteien zusammenzuarbeiten. Die Zusammenarbeit gewährleistet eine umfassende Datenerfassung und ermöglicht eine gründliche Analyse der vorliegenden Informationen.

5. Strukturierung und Organisation:
Um einen reibungslosen Ablauf zu gewährleisten, sollten die Informationen und Dokumente strukturiert und organisiert werden. Dies erleichtert den Zugriff auf relevante Informationen und ermöglicht eine effiziente Nutzung während des Mediationsprozesses. Die Dokumente sollten klar gekennzeichnet und leicht zugänglich sein, um eine effektive Kommunikation und Diskussion zu ermöglichen.

Die Erfassung aller relevanten Informationen und Dokumente ist von zentraler Bedeutung, um eine fundierte Diskussion und Analyse im Rahmen der Mediation zu ermöglichen. Durch die sorgfältige Erfassung und Aufbereitung von Informationen wird sichergestellt, dass alle Parteien über das notwendige Wissen verfügen, um sachbezogene Entscheidungen zu treffen und Lösungen zu entwickeln, die den Bedürfnissen und Interessen aller Beteiligten gerecht werden.

Identifizierung der Interessen und Bedürfnisse

Die Identifizierung der Interessen und Bedürfnisse der Konfliktparteien ist ein wesentlicher Schritt in der Mediation. Hier sind einige wichtige Aspekte, die bei der Identifizierung von Interessen und Bedürfnissen zu beachten sind:

1. Offene Kommunikation:
Eine offene und ehrliche Kommunikation zwischen den Konfliktparteien ist der Schlüssel zur Identifizierung von Interessen und Bedürfnissen. Der Mediator fördert einen respektvollen Dialog und ermutigt die Parteien, ihre Standpunkte, Anliegen und Wünsche offen zu äußern. Durch eine offene Kommunikation werden mögliche Missverständnisse geklärt und es entsteht Raum für eine umfassende Erkundung der individuellen Bedürfnisse.

2. Aktives Zuhören:
Der Mediator hört aktiv zu und stellt sicher, dass er die Interessen und Bedürfnisse der Konfliktparteien gut versteht. Durch aktives Zuhören kann der Mediator nonverbale Signale und verbale Hinweise aufgreifen und die wahren Anliegen der Parteien erfassen. Das aktive Zuhören fördert das Verständnis zwischen den Parteien und erleichtert die Identifizierung ihrer zugrunde liegenden Interessen.

3. Offenheit für kreative Lösungen:

Die Identifizierung von Interessen und Bedürfnissen erfordert oft ein Denken jenseits der Positionen und vordefinierten Lösungen. Der Mediator ermutigt die Parteien, über ihre Positionen hinauszudenken und nach gemeinsamen Interessen zu suchen. Dies ermöglicht die Entwicklung kreativer Lösungen, die den Bedürfnissen aller Beteiligten gerecht werden.

4. Bedürfnisse vs. Positionen:

Im Rahmen der Mediation geht es darum, die wahren Bedürfnisse der Parteien zu verstehen, nicht nur ihre Positionen. Während Positionen oft starr und festgefahren sind, sind Bedürfnisse flexibler und bieten Raum für gemeinsame Lösungen. Der Mediator hilft den Parteien, ihre Bedürfnisse zu identifizieren und herauszufinden, wie sie am besten erfüllt werden können.

5. Möglichkeit zur Priorisierung:

Ein weiterer wichtiger Aspekt bei der Identifizierung von Interessen und Bedürfnissen ist die Möglichkeit zur Priorisierung. Die Parteien werden ermutigt, ihre Interessen und Bedürfnisse zu bewerten und zu priorisieren, um herauszufinden, welche Aspekte für sie am wichtigsten sind. Die Priorisierung hilft den Parteien, ihre Standpunkte zu klären und Lösungen zu finden, die ihren Kerninteressen gerecht werden.

Die Identifizierung der Interessen und Bedürfnisse der Konfliktparteien legt den Grundstein für eine erfolgreiche Mediation. Durch eine offene Kommunikation, aktives Zuhören, die Offenheit für kreative Lösungen und die Möglichkeit, Prioritäten zu setzen, kann der Mediator eine gemeinsame Basis schaffen, auf der Lösungen entwickelt werden können, die den Bedürfnissen aller Beteiligten gerecht werden.

Der Mediationsprozess

Die Mediation besteht aus verschiedenen Phasen, die den Verlauf und die Struktur des Mediationsprozesses definieren. Hier sind die Hauptphasen der Mediation:

1. Eröffnung:
Die Eröffnungsphase dient dazu, den Mediationsprozess einzuführen und die Grundlagen zu schaffen. Der Mediator stellt sich vor, erläutert den Ablauf der Mediation, die Rollen und Erwartungen und stellt sicher, dass alle Parteien sich wohl und informiert fühlen.

Es werden auch Vereinbarungen zur Vertraulichkeit und zur Wahrung der Neutralität getroffen. Diese Phase schafft ein solides Fundament für den weiteren Verlauf der Mediation.

2. Informationsaustausch:
In dieser Phase haben die Parteien die Möglichkeit, ihre Perspektiven, Anliegen und Standpunkte darzulegen. Sie können relevante Informationen teilen, Beweise vorlegen und ihre Sichtweise des Konflikts präsentieren.

Der Mediator unterstützt den Austausch und stellt sicher, dass jeder ausreichend gehört wird. Der Informationsaustausch hilft den Parteien, ein umfassendes Verständnis des Konflikts zu entwickeln und die Gründe für die unterschiedlichen Standpunkte zu erkennen.

3. Problemidentifikation:

In dieser Phase wird der Fokus auf die genaue Definition des Konfliktproblems gelegt. Die Parteien arbeiten mit dem Mediator zusammen, um die Kernthemen des Konflikts herauszuarbeiten und die zugrunde liegenden Interessen und Bedürfnisse zu identifizieren. Eine klare Problemdefinition ermöglicht es den Parteien, gezielt nach Lösungen zu suchen und auf den Kern des Konflikts zu fokussieren.

4. Optionengenerierung:

In dieser Phase werden verschiedene Optionen für die Konfliktlösung entwickelt. Die Parteien werden ermutigt, kreative Lösungsmöglichkeiten zu erkunden und alternative Ansätze zu betrachten, die ihren Interessen und Bedürfnissen gerecht werden könnten.

Der Mediator unterstützt diesen Prozess und hilft dabei, das Denken über gängige Positionen hinaus zu erweitern. Die Optionengenerierung bietet Raum für Innovation und ermöglicht es den Parteien, gemeinsam nach einer für alle Beteiligten akzeptablen Lösung zu suchen.

5. Vereinbarung und Abschluss:

In dieser letzten Phase arbeiten die Parteien darauf hin, eine Vereinbarung zu erzielen, die ihren Interessen und Bedürfnissen gerecht wird.

Der Mediator hilft den Parteien, die verschiedenen Optionen zu bewerten und verantwortungsvoll zu entscheiden. Sobald die Parteien zu einer Einigung kommen, wird diese in einer schriftlichen Vereinbarung festgehalten und von allen Parteien unterzeichnet. Die Vereinbarung bildet die Grundlage für die Beilegung des Streits und den Abschluss der Mediation.

Jede Phase der Mediation spielt eine wichtige Rolle bei der Gestaltung des Mediationsprozesses und bei der Arbeit auf eine einvernehmliche Lösung hin. Der Mediator leitet die Parteien durch jede Phase und unterstützt sie dabei, ihre Interessen auszudrücken, Lösungen zu entwickeln und schließlich zu einer gemeinsamen Vereinbarung zu kommen. Durch den strukturierten Verlauf der verschiedenen Phasen wird ein effektiver Mediationsprozess ermöglicht.

Das Verständnis des Konflikthintergrunds und der zugrundeliegenden Emotionen

Das Verständnis des Konflikthintergrunds und der zugrundeliegenden Emotionen ist ein wesentlicher Bestandteil der Mediation, um den Konflikt umfassend zu erfassen und zu lösen. Hier sind einige wichtige Aspekte, die bei der Auseinandersetzung mit dem Konflikthintergrund und den Emotionen zu beachten sind:

1. Konflikthintergrund verstehen:
Es ist wichtig, den Hintergrund und die Ursachen des Konflikts zu verstehen. Dies beinhaltet oft die Betrachtung der Geschichte, der vergangenen Ereignisse und der Beziehungsdynamik zwischen den Konfliktparteien. Indem der Mediator den Kontext des Konflikts erfasst, können die zugrunde liegenden Motivationen und Interaktionsmuster besser erkannt werden.

2. Umfassende Informationssammlung:

Der Mediator sollte eine umfassende Sammlung von Informationen durchführen, um den Konflikthintergrund besser zu verstehen. Dies kann Interviews, Gespräche und das Studium relevanter Dokumente und Unterlagen umfassen. Der Mediator fördert den Informationsaustausch zwischen den Parteien, um ein umfassendes Bild des Konflikts zu erhalten.

3. Identifizierung der Emotionen:

Emotionen spielen eine wichtige Rolle in Konflikten und können die Wahrnehmung, das Verhalten und die Kommunikation der Konfliktparteien beeinflussen. Der Mediator hilft dabei, die zugrundeliegenden Emotionen zu identifizieren und zu erkennen, wie sie den Konflikt beeinflussen. Durch die Berücksichtigung und das Verstehen der emotionalen Dynamik können Lösungen gefunden werden, die auch die emotionalen Bedürfnisse der Parteien ansprechen.

4. Sensible und empathische Ansprache:

Der Mediator sollte sensibel und empathisch mit den Emotionen der Konfliktparteien umgehen. Emotionen und persönliche Erfahrungen können den Konflikt beeinflussen und die Kommunikation erschweren. Durch eine einfühlsame und sensible Ansprache der Emotionen schafft der Mediator eine unterstützende Umgebung, in der die Parteien in der Lage sind, ihre Gefühle auszudrücken und zu verarbeiten.

5. Konflikttransformation:

Durch das Verständnis des Konflikthintergrunds und der zugrundeliegenden Emotionen kann der Mediator den Fokus auf eine Transformation.

Kommunikationstechniken

Kommunikationstechniken und Herangehensweisen spielen eine wesentliche Rolle in jeder Phase der Mediation. Hier sind einige grundlegende Techniken und Herangehensweisen, die in verschiedenen Phasen der Mediation angewendet werden können:

1. Aktives Zuhören:

Aktives Zuhören ist eine grundlegende Kommunikationstechnik, die in jeder Phase der Mediation eingesetzt werden kann. Der Mediator und die Parteien sollten aktiv zuhören und sich bewusst auf das konzentrieren, was die andere Partei sagt, um ein echtes Verständnis zu entwickeln. Aktives Zuhören beinhaltet das Wiederholen, Zusammenfassen und Nachfragen, um sicherzustellen, dass die Informationen richtig verstanden wurden.

2. Verständnisfragen stellen:

Verständnisfragen sind eine effektive Möglichkeit, sicherzustellen, dass die Parteien ihre Standpunkte und Bedenken klar und präzise erklären. Der Mediator kann Fragen stellen, um Missverständnisse zu klären und sicherzustellen, dass alle Beteiligten die Informationen vollständig verstehen.

3. Paraphrasieren:

Beim Paraphrasieren wiederholt der Mediator oder eine Partei die Aussagen oder Argumente der anderen Partei in eigenen Worten. Dies ermöglicht es beiden Parteien, sicherzustellen, dass ihre Standpunkte und Anliegen korrekt verstanden wurden. Paraphrasieren ist eine nützliche Technik, um die Kommunikation zu verbessern und Missverständnisse zu reduzieren.

4. Feedback geben:

Feedback ist ein wichtiger Bestandteil der Kommunikation in der Mediation. Der Mediator kann den Parteien Feedback über ihre Argumente, ihre Kommunikation oder ihren Tonfall geben. Durch konstruktives Feedback können die Parteien ihre Kommunikationsweise verbessern und ihre Standpunkte klarer artikulieren.

5. Aktive Gestaltung des Dialogs:

Der Mediator ermutigt die Parteien, aktiv am Dialog teilzunehmen und sich gegenseitig zuzuhören. Der Mediator achtet darauf, dass alle Parteien die Möglichkeit haben, ihre Standpunkte auszudrücken, und fördert einen respektvollen Austausch von Meinungen.

6. Emotionale Intelligenz:

Emotionale Intelligenz ist eine wichtige Fähigkeit, die in jeder Phase der Mediation angewendet werden kann. Der Mediator und die Parteien sollten sich bewusst sein und auf die emotionalen Bedürfnisse und Reaktionen aller Beteiligten achten. Durch das Erkennen und Anerkennen von Emotionen können Konflikte besser verstanden und Lösungen entwickelt werden, die auch die emotionalen Aspekte berücksichtigen.

Fragen:
Das Stellen von Fragen ist eine wichtige Kommunikationstechnik in der Mediation. Fragen ermutigen die Parteien dazu, ihre Standpunkte detaillierter zu erklären und ermöglichen es dem Mediator, ein tieferes Verständnis des Konflikts zu entwickeln. Offene Fragen geben den Parteien die Möglichkeit, umfassend zu antworten und ihre Perspektiven weiterzuentwickeln. Gleichzeitig können geschlossene Fragen verwendet werden, um spezifische Informationen zu klären. Durch gezieltes Fragen hilft der Mediator den Parteien, ihre Argumente zu präzisieren und den Kern des Konflikts besser zu erfassen.

Zusammenfassungen:
Das Zusammenfassen ist eine Technik, bei der der Mediator die Aussagen der Parteien in eigenen Worten wiederholt. Dies dient dazu, sicherzustellen, dass die Parteien gehört und verstanden wurden. Durch das Zusammenfassen schafft der Mediator Klarheit und fokussiert die Diskussion auf das Wesentliche. Es ermöglicht den Parteien auch die Möglichkeit, Unklarheiten zu korrigieren und Missverständnisse aufzudecken. Zusammenfassungen helfen dabei, die Kommunikation zu strukturieren und die Parteien aufeinander zuzubewegen.

Aktives Zuhören:
Aktives Zuhören ist ein entscheidendes Element in der Mediation. Es ermöglicht dem Mediator, präsent und aufmerksam zu sein und den Parteien zu zeigen, dass ihre Anliegen ernst genommen werden. Durch aktives Zuhören zeigt der Mediator Interesse an den Aussagen der Parteien und schafft damit eine Atmosphäre des Vertrauens und der Offenheit. Dies ermutigt die Parteien, ihre Standpunkte frei auszudrücken und sich gehört zu fühlen. Aktives Zuhören beinhaltet auch die Aufnahme von nonverbaler Kommunikation, wie zum Beispiel Körpersprache und Tonfall, um ein ganzheitliches Verständnis der Kommunikation zu bekommen.

Die Rolle von Fragen, Zusammenfassungen und aktivem Zuhören in der Mediation besteht darin, die Kommunikation zu fördern und eine effektive Interaktion zwischen den Konfliktparteien zu ermöglichen. Indem der Mediator Fragen stellt, Zusammenfassungen gibt und aktiv zuhört, schafft er einen Raum für Klarheit, Verständnis und einen produktiven Austausch. Diese Kommunikationstechniken dienen dazu, die Kommunikation zu vertiefen, Missverständnisse zu klären und die Grundlage für eine kooperative Lösung des Konflikts zu schaffen.

Kreative Lösungsfindung und Verhandlungsstrategien

Die kreative Lösungsfindung und die Anwendung effektiver Verhandlungsstrategien sind zentrale Elemente in der Mediation, um eine Win-Win-Lösung für alle Parteien zu erzielen. Hier sind einige wichtige Aspekte dieser Prozesse:

Kreative Lösungsfindung:
Die Mediation ermutigt die Konfliktparteien dazu, über ausgetretene Pfade hinauszugehen und kreative Lösungsmöglichkeiten zu erkunden. Dies beinhaltet das Denken über traditionelle Positionen und Optionen hinaus und das Betrachten von Alternativen, die den Bedürfnissen und Interessen aller Parteien gerecht werden.

Kreative Lösungsfindung erfordert Offenheit, Flexibilität und die Bereitschaft, innovative Ansätze in Betracht zu ziehen. Der Mediator hilft den Parteien dabei, kreative Lösungen zu entwickeln, indem er Raum für Ideen und Innovation schafft und Möglichkeiten zur Erweiterung des Lösungsraums erkundet.

Verhandlungsstrategien:
In der Mediation werden verschiedene Verhandlungsstrategien angewendet, um eine Einigung zu erzielen. Strategien wie das Bestreben nach Interessenausgleich, die Suche nach gemeinsamen Zielen, die schrittweise Annäherung und die Berücksichtigung des gegenseitigen Nutzens sind häufige Ansätze in der Mediation.

Der Mediator unterstützt die Parteien dabei, Verhandlungsstrategien zu entwickeln und einzusetzen, die auf ihren konkreten Bedürfnissen und dem Kontext des Konflikts basieren. Zudem achtet der Mediator darauf, dass die Parteien ihre Positionen offenlegen, Ziele klar definieren und auf eine kooperative und respektvolle Weise verhandeln.

Win-Win-Lösungen:
Das Streben nach Win-Win-Lösungen ist ein zentraler Grundsatz der Mediation. Dies bedeutet, dass die Verhandlungen darauf abzielen, Lösungen zu finden, die für alle Parteien vorteilhaft sind und ihren Bedürfnissen gerecht werden.

Dies erfordert die Bereitschaft der Parteien, Kompromisse einzugehen und nach gemeinsamen Interessen zu suchen. Der Mediator unterstützt sie dabei, ihre Standpunkte, Interessen und Prioritäten zu klären und Lösungen zu finden, die maximalen Nutzen für alle Parteien bieten.

Konsensbildung:
In der Mediation ist die Konsensbildung ein entscheidender Prozess, um zu einer Einigung zu gelangen. Die Parteien verhandeln, diskutieren und entwickeln Lösungsoptionen, bis sie einen Konsens über eine gemeinsame Vereinbarung erreichen.

Der Mediator erleichtert diesen Prozess, indem er verschiedene Kommunikations- und Lösungstechniken anwendet und sicherstellt, dass die Parteien aktiv am Entscheidungsprozess beteiligt sind. Durch Konsensbildung entsteht eine Einigung, die von den Parteien akzeptiert und getragen wird.

Die Anwendung kreativer Lösungsfindungstechniken und effektiver Verhandlungsstrategien ermöglicht es den Konfliktparteien, sich auf innovative Weise mit dem Konflikt auseinanderzusetzen und nachhaltige Lösungen zu erarbeiten. Eine erfolgreiche Mediation baut auf der Fähigkeit der Parteien auf, gemeinsame Ziele zu identifizieren, Probleme zu lösen und fair zu verhandeln, um langfristige und für alle Beteiligten zufriedenstellende Einigungen zu erzielen.

Kompromisse und gegenseitigen Verständnisses

Der Kompromiss und das gegenseitige Verständnis spielen eine entscheidende Rolle in der Mediation, um eine Einigung zwischen den Konfliktparteien zu erzielen. Hier sind einige Gründe, warum der Kompromiss und das gegenseitige Verständnis wichtig sind:

1. Integration von Interessen:
Kompromisse ermöglichen es den Parteien, ihre individuellen Interessen zu berücksichtigen und dennoch eine Einigung zu erzielen. Durch den Kompromiss können verschiedene Anliegen und Bedürfnisse in eine Lösung integriert werden, die für alle akzeptabel ist. Es geht darum, einen Ausgleich zu finden, bei dem zwar Zugeständnisse gemacht werden, aber auch die wesentlichen Interessen aller Parteien gewahrt bleiben.

2. Nachhaltigkeit der Lösung:

Eine Einigung, die auf Kompromissen basiert, hat eine größere Chance auf Nachhaltigkeit. Indem die Parteien ihre Standpunkte klären und aufeinander zugehen, entsteht ein Gefühl der Mitverantwortung für die Lösung. Die Lösung wird eher akzeptiert und umgesetzt, da sie von den Parteien gemeinsam erarbeitet wurde und ihre Interessen berücksichtigt.

3. Erhaltung der Beziehung:

Der Kompromiss und das gegenseitige Verständnis tragen zur Erhaltung der Beziehung zwischen den Konfliktparteien bei. Durch den Versuch, aufeinander zuzugehen und Kompromisse einzugehen, wird eine Kooperationsbereitschaft gefördert, die es ermöglicht, die Beziehung auf einer konstruktiven Basis fortzuführen. Dies ist insbesondere in Fällen von Geschäftsbeziehungen oder langjährigen persönlichen Verbindungen von Bedeutung.

4. Förderung des Vertrauens:

Kompromisse und gegenseitiges Verständnis schaffen ein Klima des Vertrauens zwischen den Parteien. Wenn sich die Konfliktparteien auf den Austausch von Informationen einlassen und die Bedürfnisse der anderen Seite anerkennen, entsteht eine Atmosphäre der Zusammenarbeit und des Respekts. Das Vertrauen bildet die Grundlage für eine effektive Kommunikation und erleichtert den Prozess der Konfliktlösung.

5. Lernen und Wachstum:

Der Kompromiss und das gegenseitige Verständnis bieten eine Gelegenheit für Lernen und persönliches Wachstum. Durch den offenen Dialog und die Bereitschaft, die Perspektive der anderen Partei zu verstehen, können die Konfliktparteien neue Blickwinkel gewinnen und ihre eigenen Denkmuster überdenken. Dies trägt dazu bei, das Verständnis für unterschiedliche Standpunkte zu fördern und das persönliche Wachstum zu fördern.

Der Kompromiss und das gegenseitige Verständnis ermöglichen es den Konfliktparteien, über ihre eigenen Positionen hinauszudenken und eine gemeinsame Basis für eine Lösung zu finden. Dies stärkt nicht nur das Vertrauen und die Kooperationsbereitschaft zwischen den Parteien, sondern ermöglicht es auch, langfristige und nachhaltige Lösungen zu entwickeln, die den Bedürfnissen und Interessen aller Beteiligten gerecht werden.

Umgang mit Machtungleichgewichten

Der Umgang mit Machtungleichgewichten und emotionalen Herausforderungen ist eine wichtige Aufgabe für den Mediator in der Mediation. Hier sind einige wichtige Aspekte, die dabei berücksichtigt werden sollten:

1. Schaffung eines ausgewogenen Umfelds:

Der Mediator sollte sicherstellen, dass alle Parteien gleichberechtigt und fair behandelt werden. Dies beinhaltet den Schutz vor dominantem Verhalten oder dem Missbrauch von Macht durch eine Partei. Der Mediator fördert den Respekt und die Beteiligung aller Beteiligten und schafft so ein ausgewogenes Umfeld.

2. Einsatz von Neuausgleichungstechniken:

Der Mediator kann Techniken einsetzen, die dazu dienen, Machtungleichgewichte auszugleichen. Zum Beispiel kann er die Redezeit und die Beteiligung der Parteien ausgewogen gestalten, damit sich keine Partei benachteiligt fühlt. Er kann auch Fragen stellen, um sicherzustellen, dass alle Standpunkte und Interessen angemessen berücksichtigt werden.

3. Beachtung von Interessen
und Bedürfnissen aller Parteien:

Der Mediator sollte den Fokus auf die Interessen und Bedürfnisse aller Parteien legen, unabhängig von ihrer Macht oder Einfluss. Indem er aktiv zuhört, Verständnis zeigt und sich um eine ausgewogene Lösung bemüht, kann der Mediator dazu beitragen, Machtungleichgewichte zu verringern und ein faires Ergebnis zu erzielen.

Umgang mit emotionalen Herausforderungen

1. Empathie und Sensibilität:
Der Mediator sollte empathisch und sensibel auf die emotionalen Herausforderungen der Konfliktparteien reagieren. Er sollte sich bewusst sein, dass Emotionen den Verlauf der Mediation beeinflussen können, und angemessen darauf reagieren.

2. Schaffen einer sicheren Umgebung:
Der Mediator sollte eine sichere und unterstützende Umgebung schaffen, in der die Parteien offen über ihre Emotionen sprechen können. Dies kann durch klare Kommunikationsregeln, Vertraulichkeit und das Zeigen von Wertschätzung für die Gefühle der Parteien erreicht werden.

3. Emotionale Intelligenz:
Der Mediator sollte über emotionale Intelligenz verfügen, um die emotionalen Herausforderungen der Parteien besser zu erkennen und darauf einzugehen. Dies beinhaltet die Fähigkeit, Emotionen zu erkennen, zu verstehen und angemessen damit umzugehen.

4. Unterstützung bei der Emotionsbewältigung:
Der Mediator kann den Parteien dabei helfen, mit ihren Emotionen umzugehen, indem er geeignete Techniken und Strategien anwendet. Dies kann das Reframing von Emotionen, die Förderung von Empathie und das Ermutigen zur Selbstreflexion umfassen.

Der Umgang mit Machtungleichgewichten und emotionalen Herausforderungen erfordert Sensibilität und Professionalität seitens des Mediators. Durch den Einsatz geeigneter Techniken und Herangehensweisen kann der Mediator eine unterstützende Umgebung schaffen, in der eine faire und konstruktive Kommunikation ermöglicht wird. Dies trägt dazu bei, dass Machtungleichgewichte verringert und emotionale Herausforderungen bewältigt werden können, um eine effektive Konfliktlösung zu fördern.

gemeinsame Entscheidungsfindung

Die Förderung von Win-Win-Lösungen durch gemeinsame Entscheidungsfindung ist ein zentraler Bestandteil der Mediation. Hier sind mehrere Aspekte, die bei der Förderung solcher Lösungen berücksichtigt werden sollten:

1. Interessenausgleich:

Die gemeinsame Entscheidungsfindung zielt darauf ab, die Interessen und Bedürfnisse aller Parteien zu berücksichtigen und eine Lösung zu finden, die für alle vorteilhaft ist. Es geht darum, nach gemeinsamen Zielen und Interessen zu suchen, um ein Gleichgewicht zu schaffen und Kompromisse einzugehen.

2. Kooperative Kommunikation:

Eine kooperative Kommunikation ist entscheidend für die Förderung von Win-Win-Lösungen. Durch den Aufbau einer positiven und respektvollen Gesprächsatmosphäre werden die Parteien ermutigt, offen und ehrlich zu kommunizieren und aufeinander zuzugehen. Es geht darum, eine vertrauensvolle und unterstützende Umgebung zu schaffen, in der alle Beteiligten ihre Anliegen äußern können.

3. Integration verschiedener Perspektiven:

Die gemeinsame Entscheidungsfindung erfordert die Integration verschiedener Perspektiven. Es ist wichtig, dass die Parteien ihre Standpunkte darlegen und verstehen, aber auch bereit sind, die Perspektiven anderer zu hören und zu respektieren. Durch eine umfassende Betrachtung aller Perspektiven können kreative Lösungen entwickelt werden, die den Interessen und Bedürfnissen aller gerecht werden.

4. Konsensbildung:

Die gemeinsame Entscheidungsfindung strebt an, zu einem Konsens zu gelangen, bei dem alle Parteien mit der getroffenen Entscheidung einverstanden sind. Dies erfordert eine aktive Beteiligung aller Beteiligten am Entscheidungsprozess und die Bereitschaft, aufeinander zuzugehen und Kompromisse einzugehen. Der Mediator unterstützt diesen Prozess, indem er die Diskussion lenkt und Möglichkeiten zur Konfliktlösung aufzeigt.

5. Win-Win-Denken:

Die Förderung von Win-Win-Lösungen erfordert ein Denken in Bezug auf gemeinsame Interessen und gegenseitigen Nutzen. Es geht darum, Lösungen zu finden, die für alle Parteien positive Ergebnisse bieten, anstatt eine Partei auf Kosten der anderen zu begünstigen. Dies erfordert ein Umdenken von konfrontativem Wettbewerbsdenken zu kooperativem Denken, bei dem der Fokus auf gemeinsamem Erfolg liegt.

Die Förderung von Win-Win-Lösungen durch gemeinsame Entscheidungsfindung ermöglicht es den Parteien, konstruktive und nachhaltige Lösungen zu entwickeln, die ihren Interessen gerecht werden. Durch Interessenausgleich, kooperative Kommunikation, Integration verschiedener Perspektiven, Konsensbildung und Win-Win-Denken kann eine Einigung erzielt werden, die für alle Beteiligten von Vorteil ist und zu einer langfristigen und stabilen Beilegung des Konflikts führt.

Fallbeispiele und Illustrationen

Familie:

Ein Familienfall könnte beispielsweise eine Scheidung sein, bei der die Parteien um die Aufteilung des Vermögens und die Regelung des Sorgerechts für ihre Kinder streiten. Durch den Einsatz von Mediationstechniken können die Parteien gemeinsam eine faire und für beide Seiten akzeptable Lösung finden. Sie können über ihre Interessen und Bedürfnisse sprechen, wie zum Beispiel die Sicherheit und das Wohlergehen der Kinder oder den gerechten Zugang zum Vermögen, und gemeinsam Vereinbarungen treffen, die den langfristigen Frieden und das Wohl der Familie fördern.

Arbeit:

In einem Arbeitskontext könnte ein Fall die Konflikte zwischen einem Vorgesetzten und einem Mitarbeiter um Arbeitszeiten und Verantwortlichkeiten betreffen. Durch Mediation können die Parteien auf einer gleichberechtigten Ebene verhandeln und kreative Lösungen entwickeln, die die Bedürfnisse beider Seiten berücksichtigen.

Dies könnte zu flexiblen Arbeitszeiten, einer angepassten Verantwortungsaufteilung oder anderen Vereinbarungen führen, die eine Win-Win-Lösung für beide Parteien darstellen.

Nachbarschaft:

Ein Fall in der Nachbarschaft könnte einen Streit um Lärmbelästigungen, Parkplatzprobleme oder Streitigkeiten über die Nutzung von gemeinsamen Ressourcen wie einem Park oder einem Gemeinschaftsgarten beinhalten.

Durch Mediation können die Nachbarn ihre Standpunkte und Interessen austauschen und gemeinsame Lösungen entwickeln, die auf Respekt, Rücksichtnahme und Fairness basieren. Zum Beispiel könnten Vereinbarungen über Ruhezeiten getroffen, Lösungen für Parkplatzprobleme gefunden oder klare Regeln für die Nutzung gemeinsamer Ressourcen festgelegt werden.

Gemeinschaft:

Ein Fall in der Gemeinschaft könnte den Konflikt zwischen Gemeindemitgliedern und der örtlichen Regierung wegen geplanter Bauvorhaben oder Änderungen in der Gemeindeentwicklung betreffen. Durch Mediation können die Parteien zusammenkommen und über ihre Standpunkte, Bedenken und Interessen sprechen.

Gemeinsam können sie Lösungen finden, die sowohl den Wünschen der Gemeindemitglieder als auch den Entwicklungszielen der örtlichen Regierung entsprechen, z. B. Kompromisse bei der Größe oder dem Design von Bauvorhaben oder die Schaffung von Grünflächen zum Wohle der Gemeinschaft.

Diese Fallbeispiele verdeutlichen, wie Mediation in verschiedenen Bereichen angewendet werden kann, um Konflikte zu lösen und Win-Win-Lösungen zu finden. Die Mediation ermöglicht es den Parteien, ihre Interessen und Bedürfnisse auszudrücken und gemeinsam an einer Einigung zu arbeiten, die für alle Beteiligten zufriedenstellend ist.

Analyse der Verlauf

Die Analyse des Verlaufs und des Ergebnisses der Mediation in jedem Fall ist ein wichtiger Teil des Prozesses, um die Effektivität der Mediation zu bewerten und Lernmöglichkeiten zu identifizieren. Hier sind mehrere Aspekte, die bei der Analyse berücksichtigt werden sollten:

1. Verlaufsanalyse:
Die Analyse des Mediationsverlaufs beinhaltet die Untersuchung der verschiedenen Schritte und Phasen, die während der Mediation durchlaufen wurden. Dies umfasst die Evaluierung der Kommunikation zwischen den Parteien, die Art und Qualität der Diskussionen, das Verhalten und die Interaktionen der Parteien sowie die Einhaltung von Mediationsprinzipien und -standards. Durch die Verlaufsanalyse kann ermittelt werden, welche Aspekte der Mediation effektiv waren und welche möglicherweise verbessert werden können.

2. Ergebnisanalyse:
Die Analyse des Mediationsergebnisses beinhaltet die Bewertung der erreichten Einigung und ihrer Auswirkungen. Es ist wichtig zu bewerten, ob die erzielte Vereinbarung den Bedürfnissen und Interessen der Parteien entsprach. Zudem können Fragen der Durchführbarkeit und Nachhaltigkeit der vereinbarten Lösung betrachtet werden. Darüber hinaus können indirekte Ergebnisse analysiert werden, wie z.B. Veränderungen in der Beziehung und der Konfliktkommunikation zwischen den Parteien.

3. Feedback der Parteien:
Das Feedback der Parteien über den Verlauf und das Ergebnis der Mediation ist wertvoll für die Analyse. Durch das Sammeln von Rückmeldungen können Stärken und Schwächen des Prozesses identifiziert und Verbesserungsmöglichkeiten ermittelt werden. Das Feedback bietet auch Einblicke in die Zufriedenheit der Parteien mit dem Mediationsprozess und der erreichten Einigung.

4. Lernen und Weiterentwicklung:

Eine Analyse des Mediationsverlaufs und des Ergebnisses kann als Lernmöglichkeit dienen, um Best Practices zu identifizieren und den Mediationsprozess kontinuierlich zu verbessern. Basierend auf der Analyse können Anpassungen und Weiterentwicklungen in den technischen Fähigkeiten und der Vorgehensweise des Mediators vorgenommen werden, um die Qualität der Mediation zu optimieren.

Die Analyse des Verlaufs und des Ergebnisses der Mediation in jedem Fall ermöglicht es, Erkenntnisse zu gewinnen und den Mediationsprozess kontinuierlich weiterzuentwickeln. Durch die Analyse können Stärken und Schwächen identifiziert werden, um effektive Kommunikation zu fördern, bessere Ergebnisse zu erzielen und die Zufriedenheit der Parteien zu verbessern.

Lehren aus den Fallbeispielen

Aus den Fallbeispielen lassen sich verschiedene Lehren ziehen und auf reale Konfliktsituationen anwenden, um effektivere Lösungen zu finden und den Konfliktfrieden zu fördern:

1. Bedeutung der Kommunikation:

Die Fallbeispiele verdeutlichen, dass eine offene und respektvolle Kommunikation eine Schlüsselrolle spielt, um Konflikte anzugehen. Konfliktparteien sollten ermutigt werden, aktiv zuzuhören, ihre Standpunkte klar zu kommunizieren und Empathie für die Positionen der anderen zu zeigen.

2. Wichtigkeit des Verständnisses:

Das Verständnis für die Perspektiven und Interessen aller Beteiligten ist entscheidend, um nachhaltige Lösungen zu finden. Fallbeispiele zeigen, dass die Identifizierung und Anerkennung der Bedürfnisse und Interessen aller Parteien zu einer effektiveren Konfliktlösung führt.

3. Suche nach Win-Win-Lösungen:

Eine Win-Win-Orientierung ist integral für eine erfolgreiche Konfliktbewältigung. Fallbeispiele demonstrieren, dass Kompromisse und das Erfüllen der Interessen beider Seiten eine Grundlage schaffen, auf der zukünftige Zusammenarbeit und Frieden aufgebaut werden können.

4. Flexibilität und Kreativität:

Die Fallbeispiele zeigen, dass die Fähigkeit, flexibel zu sein und kreative Lösungen zu finden, den Konfliktfrieden fördert. Parteien sollten ermutigt werden, über feste Positionen hinauszugehen und nach alternativen Ansätzen zu suchen, um den Konflikt zu lösen.

5. Einbeziehung eines neutralen Dritten:

Fallbeispiele unterstreichen die Vorteile der Einbeziehung eines neutralen Dritten, wie eines Mediators, um den Konflikt zu bearbeiten. Der Mediator kann dabei helfen, eine unterstützende Umgebung zu schaffen, die Kommunikation zu erleichtern und den Fokus auf faire und kooperative Lösungen zu lenken.

6. Nachhaltigkeit und Verantwortung:
Die Fallbeispiele zeigen, dass nachhaltige
Konfliktlösungen eine aktive Beteiligung und
Verantwortung der Konfliktparteien erfordern. Indem
sie ihre Verantwortung für die Suche nach langfristiger
Einigung übernehmen, können sie Konflikte in einer
Weise lösen, die die Beziehung und den Frieden
aufrechterhält und fördert.

Diese Lehren aus den Fallbeispielen können auf reale
Konfliktsituationen angewendet werden, um einen
konstruktiven Ansatz für die Konfliktbewältigung zu
fördern. Indem Kommunikationsfähigkeiten
verbessert, Verständnis entwickelt, Win-Win-Lösungen
gesucht, Flexibilität eingebracht, neutrale Dritte
einbezogen, und nachhaltige Verantwortung
übernommen wird, können realen Konflikten effektiv
angegangen und dauerhafte Lösungen gefunden
werden.

Nach der Mediation

Die Umsetzung von Vereinbarungen nach der
Mediation hat eine entscheidende Bedeutung für den
langfristigen Erfolg und die Nachhaltigkeit der
Konfliktlösung. Hier sind mehrere Aspekte, die die
Bedeutung der Umsetzung betonen:

1. Verbindlichkeit und Vertrauen:
Durch die konsequente Umsetzung der
Vereinbarungen wird Verbindlichkeit geschaffen und
Vertrauen zwischen den Konfliktparteien aufgebaut.
Wenn die Parteien erkennen, dass die getroffenen
Vereinbarungen ernst genommen werden, steigt die
Bereitschaft, sich an diese Vereinbarungen zu halten
und zukünftige Konflikte auf friedliche Weise zu lösen.

2. Konfliktbeendigung:

Die Umsetzung der Vereinbarungen ermöglicht die endgültige Beendigung des Konflikts. Wenn alle Parteien die vereinbarten Schritte oder Maßnahmen umsetzen, kann der Konflikt in der Regel dauerhaft gelöst werden und zukünftige Auseinandersetzungen verhindert werden.

3. Schaffung von Win-Win-Ergebnissen:

Die Umsetzung der Vereinbarungen ermöglicht es den beteiligten Parteien, von den vereinbarten Lösungen zu profitieren. Indem die Parteien die vereinbarten Maßnahmen oder Kompromisse einhalten, werden die zugrunde liegenden Bedürfnisse und Interessen aller Beteiligten gleichermaßen berücksichtigt und eine Win-Win-Situation geschaffen.

4. Legitimität und Rechtmäßigkeit:

Die konsequente Umsetzung der Vereinbarungen stärkt die Legitimität und Rechtmäßigkeit der getroffenen Entscheidungen. Wenn die Einhaltung der Vereinbarungen beobachtet wird, wird dies die rechtliche und moralische Basis für die Lösung des Konflikts festigen und die Einigung bestätigen.

5. Kontrolle und Überwachung des Fortschritts:
Die Umsetzung der Vereinbarungen ermöglicht es den Parteien, den Fortschritt zu kontrollieren und sicherzustellen, dass die Vereinbarungen effektiv umgesetzt werden. Durch eine angemessene Überwachung können eventuelle Probleme oder Schwierigkeiten rechtzeitig erkannt und angegangen werden, um sicherzustellen, dass die Ziele der Vereinbarungen erreicht werden.

Die Bedeutung der Umsetzung von Vereinbarungen nach der Mediation liegt darin, Verbindlichkeit, Vertrauen und dauerhaften Frieden zu schaffen. Indem die Parteien die vereinbarten Maßnahmen umsetzen, wird eine nachhaltige Lösung des Konflikts erreicht und die Grundlage für eine friedliche Zusammenarbeit und zukünftige Koexistenz geschaffen. Die Umsetzung der Vereinbarungen bekräftigt den Wert der Mediation als effektive Methode zur Konfliktlösung und trägt zur Förderung einer harmonischen und kooperativen Umgebung bei.

Einholung von Feedback

Die Möglichkeiten der Weiterbetreuung und Einholung von Feedback nach einer Mediation sind wertvolle Instrumente, um den Erfolg der Konfliktlösung zu bewerten und sicherzustellen, dass die gewünschten Ergebnisse nachhaltig sind. Hier sind mehrere Methoden und Ansätze, die genutzt werden können:

1. Follow-up-Gespräche:

Durch nachfolgende Gespräche mit den Parteien kann der Mediator den Fortschritt nach der Mediation überprüfen und sicherstellen, dass die Vereinbarungen ordnungsgemäß umgesetzt werden. Diese Gespräche bieten Raum für mögliche Fragen, Klärungen oder Anpassungen, um sicherzustellen, dass die Parteien mit der Umsetzung zufrieden sind.

2. Zwischenberichte:

Eine weitere Möglichkeit besteht darin, regelmäßige Zwischenberichte über den Fortschritt der Umsetzung der Vereinbarungen zu erstellen und sie den Parteien zur Verfügung zu stellen. Dies trägt dazu bei, dass alle Beteiligten über den aktuellen Status informiert sind und mögliche Hindernisse oder Herausforderungen identifiziert werden können.

3. Rückkehr zur Mediation:

Falls Schwierigkeiten oder neue Fragen auftreten, können die Parteien eine erneute Mediation in Betracht ziehen. Dies ermöglicht es, den Konflikt erneut anzusprechen, neue Optionen zu erkunden und gegebenenfalls Anpassungen an den bestehenden Vereinbarungen vorzunehmen. Durch eine erneute Mediation wird die Möglichkeit geboten, den ursprünglichen Konflikt zu aktualisieren und zu bearbeiten.

4. Feedback-Erhebungen:

Die Durchführung von Feedback-Erhebungen kann es den Parteien ermöglichen, ihre Erfahrungen mit der Mediation und der Umsetzung der Lösungen zu teilen. Fragebögen oder Interviews können genutzt werden, um Einblicke in die Stärken und Verbesserungsmöglichkeiten des Mediationsprozesses zu gewinnen. Das Feedback der Parteien kann wertvolle Informationen liefern, um den Mediationsprozess zu optimieren und die Qualität zukünftiger Mediationen zu verbessern.

5. Externe Evaluatoren:

Unter Umständen kann es sinnvoll sein, externe Evaluatoren einzubeziehen, die den gesamten Mediationsprozess bewerten und Empfehlungen abgeben können. Externe Experten können eine objektive Sichtweise einbringen und mögliche Bereiche der Weiterentwicklung oder Verbesserung identifizieren.

Die Weiterbetreuung und Einholung von Feedback ermöglichen es, den Erfolg der Mediation zu überprüfen und sicherzustellen, dass die Vereinbarungen zu nachhaltigen Ergebnissen führen. Durch das Einbeziehen der Parteien, das Überprüfen des Fortschritts und das Einholen von Feedback kann der Mediator den Nutzen und die Effektivität der Mediation kontinuierlich verbessern und sicherstellen, dass die beteiligten Parteien zufrieden sind.

Zufriedenheitsanalyse

Die Zufriedenheitsanalyse und die Bewertung der langfristigen Auswirkungen der Mediation sind wichtige Aspekte, um den Erfolg der Mediation zu bewerten und Erkenntnisse für zukünftige Konfliktlösungen zu gewinnen. Hier sind mehrere Punkte, die bei der Analyse der Zufriedenheit und der langfristigen Auswirkungen berücksichtigt werden sollten:

1. Zufriedenheitsanalyse:
Durch die Bewertung der Zufriedenheit der Parteien mit dem Mediationsprozess und den erreichten Ergebnissen können Stärken und Schwächen identifiziert werden. Dies kann durch Rückmeldungen, Fragebögen oder Interviews erfolgen. Die Zufriedenheitsanalyse ermöglicht es den Parteien, ihre Meinungen, Perspektiven und Empfindungen über den gesamten Verlauf und das Ergebnis der Mediation zum Ausdruck zu bringen.

2. Langfristige Auswirkungen:
Um die langfristigen Auswirkungen der Mediation zu bewerten, ist es wichtig, den Verlauf der Situation nach der Beendigung der Mediation zu beobachten. Dies beinhaltet die Untersuchung, ob die Parteien die erreichten Vereinbarungen effektiv umgesetzt haben, ob nachhaltiger Frieden und Zusammenarbeit bestehen und ob langfristige positive Veränderungen in der Beziehungsdynamik und Kommunikation beobachtet werden können.

3. Verbesserungspotenzial:

Die Analyse der Zufriedenheit und der langfristigen Auswirkungen kann dazu beitragen, Bereiche zu identifizieren, in denen der Mediationsprozess oder die Vorgehensweise des Mediators verbessert werden können. Feedback der Parteien und Erfahrungen aus der Umsetzung der Vereinbarungen können Hinweise auf mögliche Anpassungen oder Weiterentwicklung liefern, um zukünftige Mediationen effektiver zu machen.

4. Lernen und Weiterentwicklung:

Die Analyse der Zufriedenheit und der langfristigen Auswirkungen ermöglicht es den Mediatoren, aus den Erfahrungen zu lernen und ihre Fähigkeiten kontinuierlich zu verbessern. Die Erkenntnisse können genutzt werden, um Schulungen, Fortbildungen oder andere Maßnahmen zur Weiterentwicklung der Mediatoren anzubieten. So können zukünftige Konfliktsituationen erfolgreicher bewältigt und nachhaltige Lösungen erreicht werden.

5. Wirkung auf das soziale Umfeld:

Die Bewertung der langfristigen Auswirkungen der Mediation sollte auch die Auswirkungen auf das soziale Umfeld der Konfliktparteien berücksichtigen. Dies beinhaltet die Untersuchung, ob die erreichten Lösungen positive Effekte auf die beteiligten Familien, Arbeitsumgebungen, Nachbarschaften oder Gemeinschaften haben. Die Mediation kann dazu beitragen, das Verständnis, die Zusammenarbeit und den harmonischen Umgang zwischen den Parteien und ihrem sozialen Umfeld zu verbessern.

Die Zufriedenheitsanalyse und die Bewertung der langfristigen Auswirkungen der Mediation ermöglichen es, den Erfolg der Mediation zu bewerten, Lernmöglichkeiten zu identifizieren und den Mediationsprozess kontinuierlich zu verbessern. Durch die Berücksichtigung der Zufriedenheit der Parteien und der langfristigen Auswirkungen kann die Mediation dazu beitragen, langfristige positive Veränderungen in den Beziehungen und im sozialen Umfeld zu schaffen.

Vielen Dank und alles Gute auf Ihrem Weg zu einer erfolgreichen Streitschlichtung!

Fragen und Antworten

Was ist Streitschlichtung und wie funktioniert sie?

Streitschlichtung ist ein Verfahren zur außergerichtlichen Konfliktlösung, bei dem eine neutrale dritte Person - der Mediator - den Konflikt zwischen den Parteien moderiert und ihnen hilft, gemeinsame Lösungen zu finden.

Warum sollte ich Mediation für die Streitschlichtung verwenden?

Mediation bietet zahlreiche Vorteile, wie z.B. eine schnellere und kostengünstigere Lösung, eine bessere Kontrolle über den Prozess und das Ergebnis, sowie die Möglichkeit, langfristige und nachhaltige Lösungen zu erzielen, indem die Parteien aktiv an der Lösungsfindung beteiligt werden.

Wer kann von der Streitschlichtung profitieren?

Streitschlichtung kann in einer Vielzahl von Situationen angewendet werden, sei es in Familienstreitigkeiten, Nachbarschaftskonflikten, Arbeitsplatzauseinandersetzungen oder sogar bei internationalen Geschäftsstreitigkeiten. Es ist für jede Partei vorteilhaft, die eine außergerichtliche und kooperative Lösung anstrebt.

Wie wähle ich einen geeigneten Mediator aus?

Ein guter Mediator sollte neutral, fachlich kompetent, vertraulich und einfühlsam sein. Es ist wichtig, dass Sie jemanden finden, dem Sie vertrauen und der Erfahrung in Ihrem spezifischen Konfliktbereich hat.

Wie läuft der Mediationsprozess ab?

Der Mediationsprozess besteht typischerweise aus mehreren Schritten, darunter die Klärung der Konfliktthemen, das Sammeln von Informationen, die Identifizierung gemeinsamer Interessen, die Entwicklung von Lösungsoptionen und die Vereinbarung über eine umsetzbare Lösung.

Was passiert, wenn wir keine Einigung erzielen können?

Obwohl das Hauptziel der Mediation die Vereinbarung einer Lösung ist, gibt es keine Garantie dafür, dass eine Einigung erzielt wird. In solchen Fällen können die Parteien alternative Wege der Konfliktlösung wie Schiedsverfahren oder Gerichtsverfahren in Betracht ziehen.

Wie vertraulich ist der Mediationsprozess?

Der Mediationsprozess ist in der Regel vertraulich, was bedeutet, dass die Parteien frei über ihre Standpunkte und Meinungen sprechen können, ohne Angst haben zu müssen, dass diese Informationen gegen sie verwendet werden.

Wie lange dauert die Mediation in der Regel?

Die Dauer der Mediation hängt von der Komplexität des Konflikts und der Zusammenarbeit der Parteien ab. In der Regel dauert eine Mediationssitzung einige Stunden, während der gesamte Prozess mehrere Sitzungen umfassen kann.

Kann ich Mediation auch in internationalen Konflikten verwenden?

Ja, Mediation kann auch in internationalen Konflikten eingesetzt werden. In solchen Fällen kann es sinnvoll sein, einen Mediator mit interkultureller Erfahrung und Verständnis einzubeziehen.

Welche langfristigen Auswirkungen hat die Mediation?

Mediation kann langfristige Auswirkungen haben, da sie zuhaltbaren und akzeptierten Lösungen führt. Durch die Stärkung der Kommunikation und des Verständnisses zwischen den Parteien kann Mediation zu einer verbesserten Beziehung und einer geringeren Wahrscheinlichkeit zukünftiger Konflikte führen.

Schlusswort

Mit diesem Buch möchten wir Ihnen einen Leitfaden an die Hand geben, um Konflikte und Streitigkeiten nicht als etwas Negatives zu sehen, sondern als eine Chance zur persönlichen und zwischenmenschlichen Weiterentwicklung. Wir hoffen, dass Sie durch die vorgestellten Konzepte der Mediation gelernt haben, wie Sie schwierige Situationen auf eine positive und konstruktive Weise bewältigen können.

Die Mediation ist ein effektiver Ansatz, um Kommunikation zu verbessern, Verständnis zu fördern und Win-Win-Lösungen zu finden. Mit dem Wissen und den Fähigkeiten aus diesem Buch haben Sie die Möglichkeit, nicht nur Ihre eigenen Streitigkeiten zu lösen, sondern auch anderen Menschen bei der Streitschlichtung zu helfen.

Wir ermutigen Sie, das Gelernte in Ihrem Alltag anzuwenden und Fortschritte zu erzielen. Seien Sie geduldig mit sich selbst und anderen, denn Streitschlichtung ist ein Prozess, der Zeit und Übung erfordert. Nutzen Sie die vorgestellten Techniken und Werkzeuge, um als Mediator oder als Konfliktpartei aktiv in der Streitschlichtung tätig zu sein.

Wir hoffen, dass Sie durch die Anwendung der Mediation zu erfolgreichen Ergebnissen und langfristigen, harmonischen Beziehungen gelangen werden. Mit Offenheit, Empathie und der Bereitschaft zur Zusammenarbeit können Sie Konflikte in wertvolle Lern- und Wachstumserfahrungen verwandeln.

Abschließend möchten wir Ihnen unseren Dank aussprechen, dass Sie sich die Zeit genommen haben, dieses Buch zu lesen und sich für die Streitschlichtung und Mediation zu interessieren. Wir hoffen, dass Sie die Inhalte inspiriert haben und motiviert sind, die vorgestellten Methoden in Ihrem Leben anzuwenden.

Denken Sie daran, dass jeder Konflikt eine Gelegenheit für Veränderung und Wachstum bietet. Die Mediation bietet Ihnen die Werkzeuge, um diese Gelegenheit zu nutzen und Konflikte erfolgreich zu lösen. Egal ob Sie als Mediator handeln oder als Teilnehmer, Sie haben die Kraft, Streitigkeiten auf eine Weise anzugehen, die sowohl für Sie als auch für die anderen Parteien von Vorteil ist.

Wir wünschen Ihnen auf Ihrem Weg zu einer erfolgreichen Streitschlichtung und einer friedvollen Lösung von Konflikten viel Erfolg und Zufriedenheit. Mögen Sie in der Mediation die Möglichkeit finden, nachhaltige und positive Veränderungen zu bewirken und zu einem harmonischen Zusammenleben beizutragen.

Meine Internetpräsenz

Um stets auf dem neuesten Stand zu bleiben, lieber Leser, können Sie jederzeit die Websites stelzhammer.info oder https://www.instagram.com/stefan.stelzhammer besuchen und meine aktuellen Buchveröffentlichungen verfolgen.

In meinen Publikationen möchte ich Ihnen helfen, Ihre Konflikte eigenständig zu lösen und Ihnen dabei das erforderliche Wissen vermitteln. Zusätzlich stehe ich gerne für persönliche Termine zur Verfügung, um den Konflikt gemeinsam mit Ihnen zu besprechen.

Sofern Sie zu dem hier vorliegenden Werk Fragen, Anregungen, Lob oder Kritik haben, freuen wir uns über eine Kontaktaufnahme unter www.stelzhammer.info oder per E-Mail an mediation@stelzhammer.info.

Mit freundlichen Grüßen,
Stefan Stelzhammer

STEFAN.STELZHAMMER

Weiterführende Informationen

Als weiterführende Lektüre empfehle ich folgende Werke von mir zu lesen:

Die einvernehmliche Scheidung: eine gemeinsame Entscheidung
// ISBN-13 : 979-8590869091

Mein aktuelles Buch beschäftigt sich mit allen Blickwinkeln rund um die einvernehmliche Scheidung. Dabei gehe ich sehr genau auf den Scheidungsantrag, die Scheidungsvereinbarung und die Scheidungsverhandlung, die gesetzlichen Regelungen, sowie die Voraussetzungen für das erfolgreiche Zustandekommen einer einvernehmlichen Scheidung ein. Als Ratgeber konzipiert, soll Ihnen dieses Buch das nötige Rüstzeug für Ihre eigene Scheidung geben und Sie auf Ihrem Weg zu einem neuen Leben begleiten.

Wirtschaftsmediation: Konflikte im Unternehmen
// ISBN-13 : 979-8689950808

Anhand einer detailgetreuen Reflexion meiner Praxiserfahrung befasse ich mich mit den Alltagsproblemen und Herausforderungen von Unternehmen und zeige Ihnen in weiterer Folge erfolgreiche Wege aus einer Konfliktsituation.

Alle meine Bücher finden Sie auch auf
www.amazon.de
oder unter
https://stelzhammer.info/publikationen

STEFAN STELZHAMMER

"Mediation ist der Weg, Streitigkeiten nicht nur zu bewältigen, sondern sie zu echten Erfolgen zu machen. Mit Einsatz, Dialog und Verständnis können wir Brücken bauen und gemeinsam Lösungen finden, die für alle Beteiligten tragbar sind."